PERROS

PERROS

Vida Adamoli

First published in Great Britain in 1991
by Octopus International part of
Reed International Books Limited,
Michelin House, 81 Fulham Road, London SW3 6RB

Copyright © 1991 Reed International Books Limited

All rights reserved. No part of this publication may be
reproduced, stored in a retrieval system, or transmitted in any
form or by any means, electronic, mechanical, photocopying,
recording or otherwise without the permission of Octopus
International.

Produced by Mandarin Offset
Printed and bound in China

CONTENIDO

Introducción	7
El perro como mascota	8
Clases de perros	28
Características caninas	44
Los perros en el trabajo	74

INTRODUCCIÓN

Durante más de 10.000 años el hombre y el perro han disfrutado de una relación única y muy especial. A lo largo de esta prolongada y fecunda asociación el perro ha correspondido a los cuidados, la protección y el amor recibidos cumpliendo tareas en ocasiones vitales. Guardan nuestras propiedades y ganados, participan en nuestras cacerías, trabajan con nuestra policía y guían a nuestros ciegos.

Los perros son mascotas vivaces y entretenidas y compañeros leales. En 1923 un perro norteamericano llamado Bobbie perdió a su dueño mientras se encontraba de vacaciones en Indiana. Seis meses más tarde, enflaquecido y agotado, se presentó en Oregón. Había viajado más de 5.000 millas para reunirse con el amo al que adoraba.

Difícilmente pasa una semana sin que aparezcan publicadas noticias sobre algún acto de valentía o devoción protagonizado por perros. Acuden en nuestra ayuda cuando tenemos problemas, nos alertan de potenciales desastres y nos protegen de ataques. De los astutos perros callejeros a los aristocráticos campeones de exposición, de las malcriadas mascotas a los perros de trabajo altamente adiestrados, estos animales enriquecen continuamente nuestras vidas. Este libro es un tributo a la criatura que ha conquistado legítimamente el título de «mejor amigo del hombre».

EL PERRO COMO MASCOTA

Todos los cachorrillos parecen irresistibles pero es importante, cuando se va a elegir uno como mascota, imaginarlo totalmente crecido. A los perros les gusta el ejercicio y las razas de mayor tamaño necesitan recorrer unos 16 km al día. Un perro grande también puede engullir tanto como ¡para llevarnos a la ruina! Las razas de pequeño tamaño son las más adecuadas para vivir en apartamentos. Los spaniels, collies y la mayoría de los sabuesos son famosos por lo bien que se llevan con los niños.

Un perro joven se adaptará rápidamente a su nuevo ambiente, provenga de una tienda de mascotas, de un criadero o de cualquier otro lugar.

Durante miles de años tanto el perro como el gato han disfrutado de una libertad sin restricciones en el hogar del hombre, beneficiándose por igual de sus cuidados y afectos. Pero aparte de esta alianza doméstica subsiste sin embargo entre ambos una enemistad natural, como habrá podido comprobar cualquiera que haya presenciado una de sus características peleas en las que se arañan, se ladran y se escupen.
El instinto canino hace que el perro, al encontrar un gato, lo acose y someta a un cuidadoso olfateo. Esto hace que el gato se encrespe a la defensiva, arquee el lomo y probablemente ataque. Los gatos se ven intimidados por el mayor tamaño de los perros y los celos territoriales también pueden constituir un problema añadido.
Algunos perros son incorregibles contrincantes de los gatos y se lanzan a la enardecida persecución de cada felino que se cruza en su camino. Sin embargo, los cachorros de gatos y perros que han sido cuidadosamente presentados casi siempre se llevan bien. Es notable lo deprisa que los supuestos enemigos se convierten en compañeros de juegos, llegando incluso a compartir su cama.

Los perros necesitan correr, tanto para jugar como para hacer ejercicio y pocas veces se les brinda la oportunidad de hacerlo. La falta de ejercicio afecta no sólo a su peso, tono muscular y eficiencia respiratoria, sino también a su estado de ánimo. Los animales que son encerrados durante largos períodos pueden volverse neuróticos y pierden ese peculiar interés canino por el mundo que les rodea.

A los perros les encanta perseguir y ser perseguidos y cambian alegremente de papel en el transcurso de este juego. También disfrutan en una carrera reñida con un compañero enérgico.

Cuando se los libera de la correa muchos perros se lanzan a una elaborada serie de saltos, embestidas, vueltas y carreras desordenadas en zig zag. Esto representa tanto una forma de descargar energía como una invitación para unirse a la diversión.

Una fuerte nevada transforma el mundo cotidiano del perro en un lugar extraño y mágico. Los puntos de referencia familiares desaparecen, los sonidos son misteriosamente amortiguados y las pistas de olores prácticamente se desvanecen. Un manto de nieve fría, blanca y suave constituye un inmediato estímulo para que el perro se lance a explorar y proporcionándole mayor excitación la recuperación de un hueso.

Su deseo natural de excavar en la nieve ha sido utilizado con provecho tras las avalanchas de montaña. Muchos alpinistas perdidos en los Alpes suizos han sido salvados de este modo, gracias al instinto excavador y al agudo sentido del olfato de un perro de rescate.

El instinto natural de recuperación del perro se originó en su pasado ancestral, cuando acarreaba el alimento a su guarida. Incluso los animales que han perdido parte de ese instinto aprenden rápidamente a responder cuando se les arroja un palo y se les da la orden: «¡búscalo!».

A veces un perro excitado corre en círculos con su presa en la boca y quizás necesite un adiestramiento paciente para que la devuelva, de modo que el juego pueda continuar. Algunos perros burlarán incluso a sus dueños ofreciéndoles el palo o la pelota para luego quitárselos en el último momento. Los juegos de lanzamiento y búsqueda son la mejor forma de que los perros realicen mucho ejercicio sin que sus dueños se fatiguen.

Por lo general, los perros siguen siendo juguetones aunque ya no sean cachorros y para muchos de ellos el pasatiempo favorito, y que más tiempo les entretiene, es jugar con una pelota. Son ellos mismos los que con frecuencia inician el juego. Ponen la pelota entre sus patas delanteras, miran hacia arriba con una sonrisa expectante y menean la cola alegremente.

Pero también les gusta jugar solos. Con la nariz empujan la pelota haciéndola dar vueltas y vueltas, hasta que se les acaban las fuerzas.

Algunas razas poseen una inteligencia tan grande que se las puede adiestrar en alto grado. La imagen de un perro policía mostrando sus habilidades, de un perro guía conduciendo a su dueño ciego o de un border collie reuniendo un rebaño de ovejas dispersas hasta el corral, inspiran admiración y respeto en aquellos cuyos perros muchas veces hacen oídos sordos a lo que se les ordena.

Un perro obediente es un orgullo para su dueño y un compañero muy agradable. Es muy importante enseñarle a sentarse, a echarse y a responder de inmediato cuando se le llama. Esto no sólo convierte al perro en una mascota socialmente aceptada sino que podría, en determinadas circunstancias, salvarle la vida.

En la década de 1890, el alemán Louis Dobermann creó el dobermann pinscher, cruce de rottweiler, pinscher alemán, grifón y galgo. Es un perro esbelto y fornido, de piel suave y brillante, es ágil, veloz y cuenta con una gran inteligencia. Es fundamentalmente un perro de trabajo y en manos de un entrenador experto puede ser un compañero inmejorable.

Los dobermann también poseen un gran instinto de protección y reacciones muy rápidas. Se los emplea en gran medida como perros guardianes o de policía y para ello deben ser entrenados con rigor. Una vez adiestrados se los utiliza para perseguir sospechosos, descubrir drogas y explosivos mediante el olfato, buscar personas perdidas y controlar disturbios. Son especialmente útiles de noche, ya que la oscuridad no debilita sus agudos sentidos, ni siquiera la vista.

Aprender a trabajar en equipo con el entrenador es esencial para el adiestramiento de perros como los dobermann. Deben estar en forma para poder escalar altas paredes, saltar o rodear obstáculos y nadar considerables distancias. No deben perder la calma si hay disparos y deben ser capaces de mezclarse entre la gente. A los animales nerviosos y demasiado agresivos no se los acepta para el entrenamiento porque es muy común que muerdan.

Los perros falderos son pequeños, dóciles y por lo general son las mascotas que gozan de más privilegios y mimos. Las simpáticas razas enanas, como los chinos, japoneses y los spaniels enanos, son muy populares. Otros perros falderos conocidos son el chihuahua de pelo largo, el terrier de Yorkshire y la primera raza enana, la maltesa, que ya se conocía en la antigua Grecia.

El exótico papillón era el favorito de la corte francesa. Debe su nombre a las largas orejas peludas que sobresalen de su cabeza como alas de mariposa.

La preferencia por el perro faldero alcanzó su punto máximo en China, en 1820, los perros eran tan diminutos que cabían en las mangas de los vestidos que estaban de moda por aquel entonces. En general, los perros falderos precisan un buen cepillado y muchas atenciones para realzar sus características más atractivas, que pueden ser un pelaje muy largo o brillante o bien marcas inusuales. A veces los adornan con accesorios extravagantes, como llamativos lazos para retirarles el pelo de los ojos a las razas de pelo largo, jerseys, polainas y hasta gorros para la lluvia.

CLASES DE PERROS

Un pelaje brillante embellece al perro y es también señal de buena salud. La típica piel blanca del dálmata con manchas negras o pardas le valió el sobrenombre de «perro budín de ciruelas». En tiempos pasados se utilizaba a los dálmatas como un elegante «accesorio» de los coches de caballos. Su velocidad y resistencia les permitían correr largas distancias acompañando a los carruajes. Hoy en día son populares debido a su carácter amigable y a que no huele, a diferencia de otros canes. En contraste con el pelaje corto del dálmata, el pelo extraordinariamente largo del lhassa apso requiere el cepillado como uno de sus cuidados fundamentales.

El spaniel irish water es un perro fornido y esbelto que no se ve mucho hoy en día. Se le utilizaba como perro de caza y aún se le sigue empleando para cazar aves silvestres en zonas pantanosas y lagos. Su pelaje rizado y espeso es aceitoso, lo que le hace impermeable al agua. Sin embargo, aunque su abundante pelaje es ideal para el ambiente acuático, puede causarle problemas en tierra. Las hojas, ramas y arbustos se enredan con facilidad en sus espesos rizos y se requiere mucho tiempo y paciencia para desenredarlos.

El pelaje del antiguo pastor inglés a veces se utilizaba para confeccionar ropa, una vez peinado, hilado y tejido. Antes se empleaba a este animal como perro pastor, pues se valoraba mucho su vigor. Pero ahora ya no se le considera perro de trabajo.

El pequeño y gracioso perro chino es un llamativo ejemplo de raza sin pelo. No parece que haya ninguna razón climática o medioambiental que explique su falta de pelo. A menos que se le proteja, el perro chino es vulnerable tanto al frío intenso como al calor excesivo.

El tamaño y la forma de la cabeza de un perro varía enormemente según la raza a la que pertenezca. El galgo árabe o saluki posee una cabeza estrecha y notablemente perfilada con un cuello alargado y flexible, características que realzan el elegante aspecto del animal. Originariamente estos lebreles se utilizaban para cazar gacelas en los desiertos árabes, en consecuencia se los criaba como perros de carrera. El galgo afgano, el ruso o borzoi, el perro de caza escocés y el galgo inglés de pelo corto o greyhound, son también razas de perfil alargado.
La imponente cabeza del bulldog ofrece un ejemplo de raza canina de perfil ancho y cuadrado. Ya en el año 1209 estos perros de presa eran utilizados para acosar toros y se apreciaba como cualidad su poderosa mordedura.
Las razas de perros falderos orientales se caracterizan porque casi todos ellos tienen los hocicos romos y las cabezas chatas, tal es el caso del chin de Japón, el carlín o pug y de su representante más típico, el pequinés.
La cabeza del bullterrier es particularmente llamativa. Es larga, ovalada, carente de contornos faciales y está adornada con un par de minúsculos ojos triangulares que miran de soslayo.

Los cambios en la forma de las orejas de los perros son resultado de los procesos de domesticación y crianza con fines estéticos. Entre los perros salvajes, de los cuales descienden todos los canes, las orejas dobladas constituyen una característica reservada solamente a los cachorros, a medida que el animal se acerca a su desarrollo completo las orejas comienzan a erguirse. Algunas razas, como por ejemplo el perro lobo alsaciano, aún conservan dicho rasgo peculiar, en abierto contraste con las largas y caídas orejas del bedlington y del perro de porcelana, producto de la mano del hombre.

Las orejas de un perro, sobre todo si se hallan levantadas, constituyen un elocuente indicador de su estado de ánimo. Si las mantiene aplastadas contra su cabeza es una muestra de sumisión o temor. Ligeramente bajas indican el alegre deseo de recibir una palmada en la cabeza. Si aparecen tiesas revelan una actitud alerta y agresiva. El terrier staffordshire americano desciende del bullterrier staffordshire, sin embargo, éste último, a diferencia de su equivalente americano, tiene las orejas dobladas en el extremo.

Aunque el famoso refrán «perro ladrador poco mordedor» suele ser cierto en la mayoría de los casos, en general para cualquier persona un perro que ladra constituye una amenaza. Sin embargo, la verdadera actitud agresiva de un perro se exterioriza en gruñidos y rezongos y un ataque total es casi siempre silencioso.

A excepción del basenji que solo puede aullar, los perros ladran para advertir, alentar a sus amos a que los alimenten o los lleven a dar un paseo o bien para intimidar a otros animales. Por el tono de su ladrido un perro logra transmitir su mensaje de forma clara, ya sea que se encuentre nervioso, atemorizado, enojado o triste.

La boca de un perro que goza de buena salud se encuentra húmeda y es de color rosa, con dientes blancos y brillantes. Los cachorros emplean sus lenguas para explorar el medio ambiente y su sentido del gusto tiene la misma importancia que la vista y el olfato. El acto de lamer constituye tanto una expresión de afecto como una forma de acicalamiento. Cuando se hallan en estado natural, los perros recurren al lamido como parte integrante del ritual de salutación.

Los dientes de leche aparecen entre la tercera y la quinta semana de vida y los primeros dientes adultos aproximadamente a los cuatro meses.

En la actualidad los dueños tienden a prestar más cuidados a los dientes de sus mascotas. Si un valioso perro policía o guardián pierde un diente éste puede ser reemplazado por uno de acero.

El sentido del olfato de un perro es muy superior al del hombre. Su hocico cuenta con doscientos veinte millones de células sensibles al olor, a diferencia del hombre que sólo cuenta con cinco millones. Algunos científicos sostienen que la detección de olores es cien veces mayor en los perros que en los humanos, mientras que otros elevan dicha cifra casi al millón. Se llevó a cabo un experimento en el que seis hombres sostuvieron un guijarro en sus manos durante un breve espacio de tiempo antes de arrojarlo tan lejos como pudieron. Después de olfatear unos instantes la mano de los hombres, el perro utilizado en el experimento supo localizar y recuperar los guijarros lanzados.

La agudeza olfativa de los perros ha sido aplicada a diversas finalidades como la búsqueda de trufas, la detección de drogas y la persecución de delincuentes.

Un perro detecta con particular facilidad la sudoración, en especial la de los pies humanos. De todos los perros el sabueso es el más famoso, y probablemente el más idóneo, para reconocer rastros. Puede seguir hasta cien millas una huella de cuatro días de antigüedad.

CARACTERÍSTICAS CANINAS

Escarbar es uno de los instintos primordiales de los perros y la mayoría de ellos tratarán de enterrar el hueso que reciben. Esta característica se ha intensificado en las razas lakeland y fox terrier que son criados con la finalidad de que escarben en las guaridas de los zorros para hacerlos salir. No resulta extraño encontrar a un perro escarbando por puro placer, aparentemente, trabajando enérgicamente con sus patas delanteras y tirando la tierra hacia los lados.

Sin embargo qué deliciosamente fácil resulta escarbar en la nieve, aunque a veces necesite la ayuda del hombre para hacer desaparecer el hielo acumulado en las patas.

El agua atrae a muchos perros, particularmente, los de caza son grandes nadadores. Nadar proporciona a un perro mayor ejercicio que el mismo tiempo dedicado a correr; el dueño se evitará largas caminatas tirando un palo a un estanque repetidas veces para que el animal vaya a buscarlo. Entre las razas de perros a las que atrae el agua de forma innata se encuentran el spaniel irish water y el labrador, que disfrutan enormemente zambulléndose.

L os perros suelen ser buenos marineros y se adaptan rápidamente a las restricciones de un barco y a su balanceo. No es raro que un navegante elija a un perro como acompañante en un viaje largo. En California, un inteligente mestizo llamado Mutley demostró una especial aptitud para la vida en el océano; se convirtió en compañero de buceo de su dueño en 1983, llegando a usar un traje de buzo especialmente adaptado para él.

Resulta familiar la imagen de un perro retozando en el mar. A la mayoría de ellos les gusta el agua y se dirigen sin titubear a cada charco que ven. Hasta las mascotas criadas más cuidadosamente, cuando se empapan y embarran, se sacuden vigorosamente ensuciando todo a su alrededor, parece que disfrutan jugando con el agua tanto como sacudiéndose. Los dueños listos saben como esquivar a sus perros cuando salen del agua.

Los perros fuertes, musculosos y ágiles generalmente resultan los mejores atletas. Un buen ejemplo es el ovejero alemán que combina la velocidad con una excelente capacidad de salto, en extensión y altura. Durante el entrenamiento intensivo que reciben los perros seleccionados para tareas de policía aprenden a saltar paredes altas, cercas, barrancos y acequias.

Algunos perros de caza se crían desarrollando su resistencia y otros su velocidad. Los que se dedican a la caza del zorro y los sabuesos corren comparativamente poco y sólo alcanzan al zorro o a la liebre cuando están cansados, después de una larga persecución. En cambio, afganos, salukis, galgos y borzois han desarrollado la velocidad en la caza y gracias a ella cobran sus piezas, aunque sean veloces liebres y gacelas.

Entre todos los corredores caninos los más famosos son los galgos. Criados en su origen para cazar en el desierto, confían en su vista excelente y en su velocidad extraordinaria para alcanzar a sus presas. El galgo Ballyregan Bob, que se retiró en 1987, es el más ligero de la historia, con un récord de 7000 yardas (6.300 m) en 40 segundos. Ahora, convertido en un héroe, vive lujosamente y dos guardias vigilan su perrera de noche y de día.

Algunos perros son golosos incorregibles y aprenden rápidamente y con habilidad a robar sus bocados preferidos en la cocina. A otros, a pesar de estar bien alimentados, les encanta rebuscar entre los desperdicios. Los astutos vagabundos, especialmente, visitan a los vecinos descuidados para conseguir comida extra.

R oer huesos es muy bueno para los dientes de los perros. La médula les proporciona elementos nutritivos esenciales, como el calcio y el fósforo, que no están presentes en la carne. Beber agua fresca también es muy importante para los perros, aunque algunos parecen preferir el agua salada o la de los charcos.

A menudo da la impresión de que los perros pasan la mayor parte del tiempo dormitando y muchos intentan compartir la cama de sus dueños por la noche. Como todos los carnívoros, los perros necesitan dormir después de comer para hacer una buena digestión.

La gestación de una perra dura 9 semanas. Poco antes del parto la madre comienza a hacer como si excavara en el piso del lugar elegido para parir. Si se le ha colocado una caja, romperá los trapos y periódicos que tenga alrededor. Una vez que han nacido todos los cachorros, y han sido lavados debidamente por su madre, ésta se toma un merecido descanso mientras ellos se alimentan por primera vez. Suelen nacer cinco cachorros en una camada, aunque en casos raros han llegado a más de veinte.

A la tercera semana los cachorros comienzan a mover la cola y emiten los primeros ladridos. En esta etapa los perros de todas las razas pueden ya ver. Estudios realizados recientemente han revelado que los cachorros son mucho más receptivos al aprendizaje en las primeras semanas de vida que en etapas posteriores. Entre la tercera y la novena semana muestran la máxima receptividad a su entorno.

La etapa juvenil comienza alrededor de la decimosegunda semana. Éste es un período muy interesante ya que la personalidad y las características del perro comienzan a aparecer y ya se puede empezar su adiestramiento con efectividad. El cachorro doméstico también se adapta a su entorno social en este momento. Cuando se encuentra en un medio salvaje empieza a explorar su entorno en esta etapa; uniéndose al resto de la jauría en las cacerías aprende todas sus habilidades imitando a los adultos.

Mediante la cría selectiva pueden acentuarse determinadas características de los diversos tipos de perros. El hombre siempre ha encarado la cría de estos animales con la intención de satisfacer sus propias necesidades; en este proceso, las diferentes razas han evolucionado y desarrollado sus rasgos distintivos. En el pasado la cría de perros se orientaba a lograr la máxima eficiencia en la tarea que se les asignaba. Sin embargo, dado que tener y exhibir un animal de raza se ha convertido en un símbolo de categoría social, el enfoque ha cambiado radicalmente. En la actualidad suele elegirse un perro simplemente por el atractivo de su apariencia física.

Para ajustarse a los estrictos patrones impuestos y aceptados en cuanto a belleza canina, se han desarrollado al máximo algunas características: las patas cortas, los cuerpos muy largos, las caras chatas o el pequeño tamaño. Cuanto más cercanos son los lazos sanguíneos, mayores son las posibilidades de que los animales que se apareen transmitan características y rasgos específicos a su descendencia.

A menudo los perros traban amistad con otros animales y abundan las historias sobre las especiales relaciones que han surgido entre ellos. En 1983 una nutria huérfana fue llevada a una reserva de Escocia. Sus posibilidades de supervivencia eran mínimas hasta que la adoptó Tangle, el spaniel de la reserva. En 1987, mientras navegaba con su amo por las Antillas, un perro mestizo hizo amistad con un delfín. Desde entonces los dos se encuentran a diario para retozar.

El dingo es el perro salvaje de Australia. Es astuto, valiente y resistente, caza solo o en pareja, matando ratas y conejos y llega a atacar ovejas y canguros.

El dingo es originario del sudeste asiático y fue introducido en Australia por los aborígenes cuando establecieron sus primeros asentamientos en el continente, hace casi tres mil años. Posteriormente se cruzaron con los perros domésticos que acompañaban a los colonos británicos y en la actualidad quedan muy pocos dingos puros. Los aborígenes adiestran todavía cachorros de dingo para la caza.

LOS PERROS EN EL TRABAJO

A través de los siglos el hombre ha refinado el instinto de caza innato del perro para obtener el máximo rendimiento en este campo. El agudo sentido del olfato de los perros de caza y su habilidad para seguir a la presa por lugares inaccesibles para el hombre han convertido al perro en un colaborador muy valioso y estimado.

Unos localizan la presa, otros la cobran y otros señalan el lugar donde se encuentra el animal cazado. Un buen perro de caza es entusiasta y está alerta, pero posee un alto grado de autocontrol. Debe aprender a esperar pacientemente, mientras su amo dispara, refrenando su impulso natural de perseguir y cazar la presa él mismo.

Según cuenta la leyenda, cuando los cartagineses llegaron a España se sorprendieron de la abundancia de conejos que encontraron. La palabra que utilizaban para denominar al conejo era *span* y por ello llamaron al país *Hispania,* la tierra de los conejos. En consecuencia, los perros que los nativos empleaban para la caza de conejos fueron llamados spaniels.

Los spaniels son especialmente aptos para la caza en terreno agreste. Resistentes e incansables, estos perros son cazadores y cobradores de piezas innatos y les encanta el agua. La raza spaniel incluye el cocker, el springer inglés, el galés y el spaniel irish water e inglés.

El pointer es una raza especializada de perros cazadores, su tarea consiste en localizar la presa a campo abierto y luego indicar a los cazadores que lo siguen dónde se encuentra ésta. Señala permaneciendo inmóvil sobre las huellas y adoptando la famosa «posición de muestra»: cabeza gacha y estirada hacia adelante, cola tiesa y horizontal y una de las patas delanteras suspendidas en el aire. Es capaz de quedarse en esa posición largo tiempo, mostrando solamente un leve temblor en la cola, señal de su tensa excitación. El perro se relaja cuando el cazador dispara, obligando a la presa a salir de su escondite.

Este particular comportamiento proviene del origen lobuno de este perro. Al olfatear por primera vez el rastro de la presa los líderes de una manada de lobos se inmovilizan y señalan rígidos en dirección a ella.

Los setters actúan de manera similar. La diferencia radica en que cuando rastrean la presa la muestran sentados.

El labrador, es uno de los perros de caza más populares. Llegó a Gran Bretaña en los pesqueros de Terranova, que amarraban en el puerto de Poole a mediados del siglo XIX para vender el producto de su pesca. Es un perro activo, de aguda inteligencia, robusto, su cola es característica, redondeada y rematada en punta. Los deportistas británicos no tardaron en reconocer las excelentes cualidades del recién llegado. El labrador es valiente, rápido y se maneja bien en el agua; sus facultades olfativas, altamente desarrolladas, lo convierten en un perro de primera clase para hallar su presa.

Los instintos naturales del perro para cobrar la presa se remontan a su ancestral condición salvaje, cuando llevaba el alimento de regreso a su guarida. Los perros de caza como el labrador son criados con miras a destacar este instinto y por tanto es fácil adiestrarlos. El más popular en este campo es el labrador negro aunque el amarillo resulta también muy común en las exposiciones.

E l husky, también llamado perro esquimal, es famoso por su fortaleza, velocidad, inteligencia y resistencia para soportar las condiciones más duras. La supervivencia humana en las vastedades del norte helado, durante miles de años, dependió de la eficiencia del husky.

Los huskys se parecen mucho a los lobos, de los cuales descienden, y puesto que se los hace trabajar en equipo, su instinto de jauría se mantiene fuerte. El perro que va a la cabeza es el líder indiscutible de cada equipo, no lleva arnés y se le da de comer el primero, para demostrar su posición de privilegio a los otros miembros de la jauría.

En 1985, Nipper, el perro de la granja Ansty de Sussex, recibió una condecoración, la *Victoria Cross* mundial para animales, por su inteligencia y coraje. Se produjo un incendio en el establo principal que se propagó feroz y devastador, dentro quedaron atrapados 300 animales de todo tipo que tuvieron que ser abandonados a su suerte. A pesar del humo y las llamas, Nipper se aventuró a penetrar en el establo repetidas veces para guiar hasta lugar seguro a los aterrorizados animales.

Ya sean perros de raza pura o producto de un cruce, los perros de granja forman parte de la vida en el campo. Ayudan a los granjeros a reunir el ganado, mantienen bajo control a las alimañas y son guardianes responsables.

En las zonas donde abundan las granjas es frecuente encontrar al collie de la frontera. Son perros ovejeros con algunas variaciones en su aspecto, los clásicos de pelaje negro y blanco, los de pelaje corto, amarronado con vetas, etc. En aquellas granjas que se encuentran en las colinas, el cuidado de las ovejas sin su ayuda sería imposible.

Un ovejero necesita esencialmente tener «buen ojo». Lo cual significa que el perro pueda inmovilizar a las ovejas con una mirada intimidadora que las obligará a permanecer donde él quiera. La buena vista también es fundamental, sólo así podrá descubrir a las ovejas que se hayan dispersado y alejado por las laderas de la montaña.

El San Bernardo probablemente fue introducido en Suiza por los ejércitos romanos invasores, pero hasta el siglo XVII no se les empezó a criar como perros de rescate. Se ocuparon de ello los monjes del *Hospice du Grand St. Bernard,* en las alturas de los Alpes suizos. El San Bernardo posee un asombroso sentido de la orientación y se dice que su percepción psíquica presiente los desastres de tormentas y avalanchas. También parece capaz de percibir si un cuerpo enterrado bajo la nieve permanece con vida o no.

El más famoso de estos perros fue Barry, alcanzó tal fama que durante más de un siglo se conoció a los San Bernardo como «perros Barry». Trabajó en el Hospicio desde 1800 a 1812 y se dice que salvó más de 40 vidas.